AF232778

ALLIANCE FRANÇAISE

ASSOCIATION NATIONALE

POUR LA PROPAGATION DE LA LANGUE FRANÇAISE DANS LES COLONIES
ET A L'ÉTRANGER

Reconnue d'utilité publique le 23 octobre 1886.

COMITÉ RÉGIONAL DE BORDEAUX

L'ALGÉRIE

ET

L'ALLIANCE FRANÇAISE

CONFÉRENCE

faite à Bordeaux le samedi 7 mai 1887, à l'École Professionnelle

PAR

M. Maurice WAHL

PROFESSEUR D'HISTOIRE AU LYCÉE LAKANAL,
ANCIEN CONSEILLER MUNICIPAL D'ALGER,
MEMBRE DE L'ALLIANCE FRANÇAISE.

BORDEAUX

IMPRIMERIE G. GOUNOUILHOU

11, RUE GUIRAUDE, 11

1887

ALLIANCE FRANÇAISE

ASSOCIATION NATIONALE

POUR LA PROPAGATION DE LA LANGUE FRANÇAISE DANS LES COLONIES
ET A L'ÉTRANGER

Reconnue d'utilité publique le 23 octobre 1886.

COMITÉ RÉGIONAL DE BORDEAUX

L'ALGÉRIE ET L'ALLIANCE FRANÇAISE

CONFÉRENCE

Faite à Bordeaux le samedi 7 mai 1887, à l'École Professionnelle

PAR

M. Maurice WAHL

Professeur d'histoire au lycée Lakanal, Ancien conseiller municipal d'Alger
Membre de l'Alliance française.

MESDAMES, MESSIEURS,

Vous connaissez déjà l'Alliance française, vous savez quel objet elle se propose et les moyens qu'elle emploie. Je n'ai pas à lui gagner vos sympathies, puisque c'est chose faite; je voudrais seulement les fortifier, les rendre plus vives, s'il est possible, en vous montrant notre Société à l'œuvre dans un des pays où son action répond aux nécessités les plus évidentes et sert de la manière la plus efficace l'intérêt national.

Il n'y a pas encore bien longtemps qu'on pouvait dire de l'Algérie que c'était pour la France une loge à l'Opéra, c'est-à-dire une conquête de fantaisie, un objet de luxe coûteux et inutile. Non pas que l'Algérie ait perdu cette beauté pittoresque, cette grâce sauvage, cette saveur d'exotisme oriental qui séduit les imaginations les moins romantiques. Elle aura toujours son magnifique climat, son ciel, son air lumineux, l'étonnante variété de ses sites, l'imprévu de ses contrastes. La nature tour à tour charmante et terrible, les habitants de toute race, de toute langue et de tout costume y composant pour l'artiste, pour le voyageur, pour le simple curieux, un tableau unique, d'une richesse de couleur incomparable. Mais ce n'est plus là son seul mérite; elle se recommande par d'autres titres à l'attention des esprits sérieux. La civilisation s'y étend; sur ce vieux sol africain redevenu fertile une société nouvelle grandit, une société de travail et de progrès.

A l'heure qu'il est, les chemins de fer sillonnent l'Algérie dans tous les sens : on compte plus de 2,000 kilomètres exploités, près de 900 concédés ou en cours d'exécution. La grande ligne qui part de Tunis s'étend d'est en ouest jusqu'aux confins du Maroc; sur ce vaste tronc s'embranchent les lignes de pénétration, qui plongent dans le sud jusque sur les Hauts-Plateaux, jusqu'au Sahara, portant vers l'intérieur les marchandises importées d'Europe et drainant vers le littoral la production indigène. La culture des céréales occupe près de 3 millions d'hectares; l'exploitation des forêts, des alfas, la culture du tabac, de l'olivier, du palmier-dattier ont une importance toujours grandissante; la culture de la vigne a pris depuis quelques années une extension rapide. En 1850, il y avait seulement 792 hectares plantés en vignes; en 1874, on en comptait 20,000; à la fin de 1883, 70,000. On peut évaluer aujourd'hui à 100,000 hectares la superficie du vignoble algérien. La récolte de 1886 se chiffre par plus de 1 million 500,000 hectolitres. Dans ce rapide inventaire de la richesse agricole doivent aussi figurer le matériel qui représente une valeur de plus de 23 millions et le bétail dont l'effectif s'élève à plus de 14 millions de têtes. Les industries, qui naissent à peine, occupent déjà dans 17,700 établissements 45,000 ouvriers; l'exploitation des mines, rien qu'en minerai de fer, donne 500,000 tonnes, le sixième de la production française. Le mouvement de la navigation a été en 1885 de 4,385 navires avec 671,000 tonnes de marchandises à l'entrée, de 4,427 navires avec un 1 million 94,000 tonnes à la sortie. Ce même pays qui en 1831 faisait avec le dehors pour 8 millions d'affaires — 6 millions et demi à l'importation, 1 million 400,000 francs à l'exportation,

— atteint maintenant presque le demi-milliard. Les relevés de 1885 accusent pour les importations une valeur de 237 millions 857,000 francs; pour les exportations, 195 millions 309,000 fr.

Assurément l'Algérie nous a coûté cher, très cher. La direction de la comptabilité au ministère des finances vient de faire le relevé des dépenses et des recettes de toute nature depuis le commencement de l'occupation jusqu'à la présente année. A la colonne des dépenses on arrive à un total de 4 milliards 764 millions 336,754 francs, tandis que la somme des recettes n'atteint qu'à 1 milliard 164 millions 612,503. L'excédent des dépenses ressort à 3 milliards 599 millions 724,251 francs. Voilà pour le passé. Mais maintenant encore les dépenses sont de beaucoup supérieures aux recettes. Celles-ci, pendant l'année 1884, sont arrivées seulement à 42 millions 864,135 francs, tandis que les dépenses montaient à 125 millions. Il est vrai que ce dernier chiffre, si on l'analyse, se décompose comme il suit :

Dépenses pour les services civils..............................F.	46,986,000
Dépenses militaires (armée et marine)........................	57,423,000
Garanties d'intérêt pour les chemins de fer et annuités diverses..	21,100,000
TOTAL..................F.	125,520,000

Or les garanties d'intérêt ne constituent qu'une simple avance qui sera certainement recouvrée dans un délai plus ou moins long. Les dépenses militaires ne peuvent être que pour une faible part attribuées à l'Algérie; il n'est nullement prouvé que tout le 19ᵉ corps d'armée soit nécessaire à sa garde. L'armée d'Afrique, depuis sa création, a fait figure sur d'autres champs de bataille que ceux de l'Algérie; entretenues ailleurs, les troupes qui la composent ne coûteraient pas beaucoup moins. En bonne justice, quand on évalue les charges que la colonie impose à la métropole, il n'y a pas grand'chose à faire entrer en ligne de compte en dehors des dépenses nécessitées par les services civils. Ces dépenses tendent à augmenter, mais d'autre part le mouvement des recettes suit une progression à peu près constante, extrêmement rapide et tout à fait rassurante pour l'avenir. En 1840, elles se chiffraient par 18 millions; en 1881, par 24; en 1884, par 62. Sans optimisme exagéré, on peut prévoir le temps assez prochain où l'Algérie équilibrera ses recettes et ses dépenses, j'entends les dépenses qui lui sont propres.

Pour que ce pays soit mis complètement en valeur, il manque encore beaucoup de choses. L'Algérie a besoin de compléter son réseau de chemins de fer, déjà très avancé; de grands travaux d'hydraulique agricole sont nécessaires pour obtenir un bon aménagement des eaux; l'achèvement des ports, le reboisement des montagnes réclament aussi d'assez grosses dépenses.

Cependant, si l'on sait utiliser les ressources locales, si l'on fait appel non pas seulement à la bourse de l'État, mais aux intéressés, aux compagnies, aux chambres de commerce, aux syndicats agricoles, à l'industrie privée, tout cela peut s'exécuter sans qu'il en coûte à la France de trop lourds sacrifices. Mais il restera toujours la mise de fonds primitive, la formidable avance de 3 milliards 600 millions, qui selon toute vraisemblance ne sera jamais remboursée d'une manière directe. Faut-il admettre que cette somme énorme a été dépensée en pure perte ou qu'elle n'a valu à la France que des compensations toutes morales, que des satisfactions d'amour-propre? C'est ce que je ne crois pas et, d'accord en cela avec de bons juges, j'estime que, sous le point de vue purement financier, l'Algérie n'a pas été pour nous une si mauvaise affaire.

Lorsqu'on fonde une colonie, il est chimérique de compter sur son rendement fiscal pour compenser ou amortir les dépenses de conquête ou d'installation, le capital de premier établissement. Le temps n'est plus où l'on ne considérait les colonies que comme de simples champs d'exploitation pour la métropole. Ce n'est que d'une façon indirecte qu'elles peuvent payer leur dette; mais elles arrivent souvent à la payer, et c'est le cas pour l'Algérie. Sans parler de l'extension d'influence, des avantages politiques et militaires qu'elle nous a procurés, la possession de l'Algérie crée à la France un actif considérable. Un écrivain justement apprécié du public bordelais, M. Foncin, évalue cet actif à 300 millions par an. Il y fait entrer avec raison la subsistance des Français établis en Algérie, qui y vivent et qui en vivent; le produit net des chemins de fer, dont les actionnaires et les obligataires sont presque tous Français; les bénéfices des établissements de crédit, des exploitations rurales, des Compagnies de navigation; la diminution des frais d'assurances maritimes, due à une sécurité qu'on ne connaissait pas au temps de la piraterie barbaresque; enfin, les profits réalisés par le commerce français.

Subsistance de 200,000 Français établis en Algérie, comptée à 1,000 francs par tête, prix moyen de l'entretien d'un soldat en Algérie, environ.,................F. 200,000,000
Recettes nettes des chemins de fer............ 17,500,000
Bénéfices des établissements de crédit, des exploitations agricoles, des Compagnies de navigation, etc, environ...................... 11,000,000
Profits commerciaux,......................... 50,000,000

On pourrait assurément discuter quelques-uns de ces chiffres. Il me parait excessif de compter à 1,000 francs par tête l'entretien des 200,000 Français établis en Algérie, parce que sur ce nombre il y a beaucoup d'enfants. Par contre, d'autres évaluations sont beaucoup trop modestes. Pendant les années 1882, 1883, 1884, le mouvement total du commerce extérieur de l'Algérie, importations et exportations réunies, a été de 1 milliard 491 millions 212,000 francs, sur lesquels la part de la France n'est pas moindre de 1 milliard 145 millions, soit une proportion de 77 0/0. A l'importation, sur un total de 1 milliard 22 millions de francs, les marchandises françaises figurent pour 853 millions 785,000 francs, soit une proportion de 85 0/0; à l'exportation, sur une valeur de 400 millions 107,000 francs, les échanges avec la France se chiffrent par 292 millions 884,000 francs, soit un peu plus de 60 0/0. Vous voyez, qu'en Algérie au moins, nous n'avons pas travaillé seulement pour les étrangers et que le commerce national, comme il était naturel et légitime, s'est fait la part du lion. Eh bien!

1.

j'ai peine à croire que, sur une moyenne annuelle de 348 millions d'affaires avec l'Algérie, le commerce français ne réalise qu'un bénéfice de 20 millions. Ces réserves indiquées, en réduisant certains des chiffres avancés par M. Foncin, en majorant certains autres, on arrive à peu près à la même évaluation totale. Voilà donc un bénéfice annuel de 300 millions que l'Algérie procure à la France pour une mise de fonds de 3 milliards 600 millions. N'est-ce pas là un placement avantageux, une rémunération satisfaisante?

Déjà favorables, les conditions actuelles ne peuvent manquer de s'améliorer encore dans l'avenir. Le spectacle que présente l'Algérie est donc rassurant; c'est une colonie en voie de progrès, une des colonies les plus prospères qu'il y ait au monde.

Cette prospérité toujours croissante, elle la doit à la France. C'est la France qui l'a gagnée à la civilisation, c'est la France qui l'a rachetée de la barbarie au prix de ses capitaux, au prix de son sang, bien plus précieux encore. Tous les avantages matériels qu'elle nous procure ou qu'elle arrivera à nous procurer seraient une rémunération insuffisante pour de tels sacrifices, si l'Algérie ne devait pas un jour être complétement, absolument française.

Déclarer qu'elle l'est aujourd'hui; dire, comme on le fait souvent, qu'elle n'est plus qu'un prolongement de la France, c'est jouer sur les mots ou méconnaître étrangement la réalité des faits. Possession française, oui; terre française, pas encore. Loin de moi la pensée de contester le patriotisme de ceux de ses habitants qui sont Français de naissance ou d'origine. Ils ont fait leurs preuves en 1870. Quand leur sécurité était loin d'être entière, quand des menaces d'insurrection mettaient en péril leurs foyers, ils ont fourni à la défense nationale un large contingent de volontaires; ce qu'ils ont fait alors, ils sont toujours disposés à le faire. On n'oublie pas la patrie française quand on s'éloigne d'elle, bien au contraire il semble que l'amour qu'elle inspire grandisse avec la distance et que ceux qui sont loin soient plus impatients de se dévouer pour elle.

Mais cette population française de l'Algérie, si ardemment,

si passionnément française, n'est qu'une minorité, et bien
faible. Le dernier recensement, celui de 1886, indique pour
toute l'Algérie une population totale de 3 millions 817,000 habitants. Dans ce nombre, il y a seulement 219,000 Français
de naissance ou d'origine (¹), si l'on ne compte ni l'armée, ni
les israélites indigènes, naturalisés en 1870 et qui se rappro-
chent de plus en plus de nous. La part de l'élément national
se réduit donc à 6 0/0 seulement de la population totale. Et
pourtant, là encore, on ne peut nier qu'il y ait eu de grands
progrès d'accomplis. La population française municipale n'était
que de 156,000 personnes en 1876, de 195,000 en 1881. Et
l'accroissement régulier qui se produit n'est pas dû seulement
à l'immigration; il provient aussi, et pour une forte part, de
l'excédent des naissances sur les décès. Nos colons sont solide-
ment installés et parfaitement acclimatés dans ce pays qu'au
début on appelait avec quelque raison le cimetière des Européens. Ils y vivent, ils s'y reproduisent, ils s'y multiplient.
Mais à côté d'eux et presque parallèlement se développe la
colonie étrangère. Il y avait, en 1876, 155,000 étrangers en
Algérie; en 1881, 181,000; en 1886, 205,000 (²). On ne peut
pas écarter cette population étrangère, on ne peut même pas
regretter de la voir venir, car elle rend de réels services. Elle
se compose en majeure partie d'Espagnols, d'Italiens, de Mal-
tais, qui viennent pour ainsi dire en voisins, s'acclimatent sans
difficulté dans un milieu presque semblable à celui où ils ont
déjà vécu, et peuvent se livrer presque impunément aux travaux les plus rudes. Ce sont d'excellents auxiliaires; loin de
s'inquiéter de leur présence, on doit s'en applaudir. Cependant,
il faut bien reconnaître qu'il y a là un problème politique de
nature à préoccuper gravement les esprits réfléchis, et qu'il
faut dès à présent, si l'on veut éviter pour l'avenir de sérieuses
difficultés, chercher les moyens de désagréger et d'absorber
peu à peu dans la nationalité française ces masses étrangères.

Les étrangers comme les Français ne sont qu'une minorité.

(¹) Population municipale.
(²) Population municipale.

L'élément prépondérant, celui qui forme l'immense majorité, c'est l'élément indigène. Il y a quelque vingt ans, on annonçait comme certaine la prompte disparition de nos sujets musulmans. Un peuple de civilisation inférieure ne peut, affirmait-on, subsister à côté d'une société européenne. Fatalement, il est condamné à s'éteindre. Cette prédiction ne paraît pas tout près de se réaliser. En 1876, on trouvait 2 millions 462,000 indigènes; en 1881, 2 millions 850,000; en 1886, il y en avait 3 millions 260,000. A chaque recensement, ils augmentent de 400,000. Certes, il ne faut accorder à ces chiffres qu'une confiance limitée; pour beaucoup de raisons le recensement des indigènes ne s'opère pas et surtout ne s'opérait pas il y a quelques années avec toute la précision désirable. Mais ce qui apparaît d'une façon évidente, c'est que loin de s'éteindre, de s'éliminer d'elle-même, la population indigène de l'Algérie tend à augmenter. Et cela s'explique. Voilà un peuple qui, avant 1830, était périodiquement ravagé par les guerres, les famines, les épidémies; c'était l'habitude de dater par les pestes. Ces races indigènes ont la vie tellement dure, qu'elles ont trouvé moyen de résister à toutes les causes de destruction. A présent, nous avons mis la paix dans le pays, les épidémies deviennent rares; sauf une lamentable exception en 1867, on n'a plus revu de grandes famines. La situation matérielle s'est améliorée, l'aisance se répand peu à peu. Les conditions générales de la vie étant meilleures, il est naturel que la mortalité diminue et que la population s'accroisse. Il est honorable pour la France qu'il en soit ainsi. Certains peuples colonisateurs ont les poumons si exigeants qu'ils absorbent tout l'air respirable; qui se trouve près d'eux dépérit et succombe; quand ils arrivent dans un pays, ils font place nette des anciens occupants. Ce n'est pas ainsi que nous avons procédé ni en Algérie ni ailleurs; à défaut d'autre supériorité, nous pourrions au moins revendiquer celle-là.

Puisque cette population indigène subsiste; puisque, loin de disparaître, elle s'accroît, il est donc nécessaire de compter avec elle, de travailler à l'amener à nous, de faire en sorte qu'elle devienne nôtre, qu'elle soit un jour française. Actuellement, elle ne l'est pas. On ne peut pas dire que tous les indigènes de l'Algérie soient nos ennemis. Le fanatisme, la haine aveugle, qui étaient autrefois dans presque toutes les âmes, se sont sensiblement atténués, surtout depuis une quinzaine d'années. Sans raisonner beaucoup, sans se bien rendre compte des choses, ils sentent confusément que notre domination a été pour eux plus bienfaisante que nuisible. Un bon nombre, qui ont des intérêts importants, des situations acquises, sont naturellement peu favorables à des bouleversements dont ils seraient les premières victimes; ils constituent toute une classe conservatrice, dans le bon sens du mot. Mais il ne faut pas se dissimuler qu'il existe aussi des éléments hostiles. Il y a parmi ces musulmans d'Algérie des fanatiques, des illuminés, pour qui toutes les réalités n'existent pas. Nous pouvons leur montrer nos chemins de fer, nos paquebots, les merveilles de notre industrie, l'attirail formidable de notre puissance, tout cela ne les touche guère. Que l'envoyé du Ciel, que le *Maître de l'heure* paraisse, tout rentrera dans le néant.

On a souvent envisagé l'hypothèse, qui n'a malheureusement rien d'invraisemblable, d'une guerre européenne, et l'on s'est demandé ce qui arriverait alors en Algérie. Ce qui est arrivé en 1870, a-t-on répondu; au début de la guerre franco-allemande, les indigènes ne s'étaient pas émus, ils marchaient volontiers dans nos rangs. Puis, lorsque les désastres ont éclaté, leur premier sentiment a été une profonde surprise. Ils ne croyaient pas que la France pût être vaincue. Ensuite, l'agitation a commencé, s'est propagée, une insurrection formidable s'est produite; par bonheur elle est survenue un peu tard, lorsque déjà nous étions en mesure de la réprimer. Quelques mois plus tôt, elle aurait pu emporter la colonie. Il faut toutefois remarquer que le soulèvement n'a pas été général; il ne s'est étendu qu'à la Kabylie et au sud de la province de Constantine; le sud de la province d'Alger, la province d'Oran tout entière sont demeurés paisibles. Qu'une nouvelle guerre éclate, une guerre où toutes les forces de la France seraient engagées, on pourra s'attendre non pas à une insurrection générale, mais à des mouvements partiels. Si les Arabes ne pensaient pas à se révolter, nos ennemis y penseraient pour eux; nous pouvons être assurés que les excitations ne manqueraient pas. Serait-on placé alors dans cette alternative pénible ou de sacrifier l'Algérie, ou d'immobiliser pour la défendre une partie de nos forces actives? Je ne le pense pas. On pourrait fort bien envoyer sur le continent européen la presque totalité du 19ᵉ corps, à condition de le remplacer par des régiments territoriaux venus de France, très supérieurs comme solidité et comme instruction militaire aux mobilisés de 1871. Avec ces régiments, avec l'énergique population coloniale, organisée elle aussi en troupes territoriales, avec l'appoint des volontaires étrangers et même indigènes, on parviendrait à prévenir ou à réprimer les soulèvements. La tâche serait facilitée par l'existence des voies ferrées, créées presque toutes depuis 1871. Car les chemins de fer en Algérie ne sont pas seulement la partie la plus importante de l'outillage économique, ils ont aussi une immense valeur stratégique. Ils permettent d'en imposer aux indigènes par des mouvements de troupes qui leur font illusion sur l'importance de nos effectifs; ils permettent des transports, des concentrations rapides, une action immédiate et efficace. On a attribué avec raison à l'existence du chemin de fer d'Alger à Oran l'attitude pacifique observée en 1871 par une partie des populations de l'ouest. Ainsi le pays des Flittas, situé tout près du parcours de la ligne, au sud de la vallée du Chélif, qui avait été un des principaux foyers de l'insurrection de 1864, n'a pas bougé.

Il ne faut donc pas se laisser aller à des inquiétudes excessives. Mais d'autre part, il est bien évident qu'en l'état nous ne pouvons pas compter sur l'ensemble des indigènes et nous avons encore à nous prémunir contre l'hostilité éventuelle de beaucoup d'entre eux. C'est là une situation regrettable dont il est sage de se préoccuper et qu'on doit s'efforcer de modifier au plus vite.

Que tous les indigènes de l'Algérie ne soient pas encore

francisés, il n'y a pas lieu de s'en indigner ni d'en être surpris. Il n'y a pas si longtemps que l'état de guerre a cessé. Nous avons conquis Alger en 1830, mais la conquête de l'Algérie n'a pu être considérée comme effectuée qu'en 1848, encore n'était-elle pas alors complètement achevée. La conquête morale est plus longue et plus difficile; elle l'est d'autant plus que nous avons affaire à des populations que tout semble éloigner de nous : croyances, mœurs, habitudes, organisation sociale. Nos sujets musulmans ne sont point nos pareils; on peut dire qu'ils ne sont pas nos contemporains; ils appartiennent à un âge de la civilisation que nous avons depuis longtemps dépassé. Notre société est la résultante de toute une série d'évolutions historiques qu'ils n'ont point connues. Ils sont loin, très loin de nous sinon dans l'espace, au moins dans le temps. Pour les mettre de plain-pied avec nous, pour les amener à penser, à sentir et par suite à agir comme nous, il faudrait leur faire franchir tout d'un coup d'innombrables étapes que nous avons mis vingt siècles à parcourir.

Ainsi considérée, la tâche parait effrayante au premier abord, presque impossible. Il semble qu'elle ne puisse être réalisée que par l'effort patient de longues générations. Mais si l'on ne se laisse pas aller à cette impression passablement décourageante, si l'on réfléchit davantage, on arrive à se convaincre que l'œuvre à accomplir n'est pas si difficile et peut être réalisée dans un délai relativement assez court.

Assurément, si l'on laissait agir les seules causes naturelles, on attendrait longtemps. Mais quoi, est-ce donc en vain que notre civilisation dispose de tant et de si puissants moyens d'action? Nous avons presque réduit à rien l'obstacle matériel de la distance, nous commandons à la nature, nous dirigeons à notre gré les forces physiques, et nous ne pourrions rien pour activer la croissance intellectuelle d'un peuple? En politique aussi bien qu'en agriculture il existe des procédés perfectionnés, des méthodes intensives par où, sans hâte excessive, sans précipitation imprudente, on peut obtenir des résultats plus rapides que ceux qui seraient produits par l'évolution abandonnée à elle-même.

Sans espérer l'assimilation complète et surtout immédiate des indigènes, nous pouvons beaucoup pour les transformer, pour faire leur éducation, pour les rapprocher de nous graduellement. Cela posé, demandons-nous quels sont les moyens qu'il convient d'employer.

On ne peut guère compter, au moins pour le moment, sur la fusion des races opérée par le croisement. De 1863 à 1884, dans une période de vingt ans, le nombre des mariages mixtes entre Européens et indigènes s'est élevé en tout à 126. Il n'y a pas beaucoup plus à attendre des naturalisations individuelles : de 1865 à 1885, on n'en a pas compté plus de 667. Le petit nombre des mariages mixtes s'explique par la différence si profonde des mœurs et des idées qui rend bien difficile la formation d'unions convenablement assorties. De même si l'indigène musulman ne se résout qu'à grand'peine à demander la naturalisation, c'est qu'elle entraîne pour lui de bien autres conséquences qu'un simple changement de nationalité. En passant sous l'empire du code civil, il accepte une législation nouvelle, une organisation tout autre de la famille; il renonce à toutes ses traditions, à toutes ses habitudes intimes; sa vie intérieure est bouleversée. Aux yeux de ses coreligionnaires c'est comme une apostasie qu'il commet.

Le grand obstacle à l'assimilation des indigènes, a-t-on dit quelquefois, c'est la religion. Si leur ferveur musulmane ne les rendait pas hostiles à une domination chrétienne, on parviendrait bien vite à en faire des Français. Il est très vrai que le fanatisme religieux a été et demeure encore une des forces les plus redoutables contre lesquelles nous ayons à lutter en Algérie. Si les Arabes étaient chrétiens, le problème de l'assimilation ne serait point résolu par là même, mais il serait simplifié. Par malheur, les Arabes ne sont pas chrétiens et ne sont pas près de le devenir. L'islamisme n'est pas une de ces religions vagues ou caduques auxquelles on arrache facilement leurs adeptes. On trouverait sans doute des musulmans moins fervents que les autres, mais il n'y a guère de population musulmane qui, prise dans son ensemble, manifeste de l'indifférence ou fasse preuve de tiédeur. Il n'y a pas d'exemple de population musulmane qui ait été convertie en masse au christianisme. En Algérie, la propagande a été conduite avec beaucoup d'habileté, de persistance, d'énergie; elle n'a donné que des résultats tout à fait insignifiants, tout en présentant de graves inconvénients politiques. Aujourd'hui, elle paraît complétement abandonnée.

Des politiques simplistes, de ceux-là que rien n'embarrasse, ont imaginé une solution vraiment admirable. Il suffirait de dire : l'Algérie est assimilée à la France, les trois départements algériens deviennent départements français — tous les habitants qui n'appartiennent pas à une nationalité étrangère deviennent citoyens français, avec tous les droits et tous les devoirs que cette qualité comporte. — Cela ne changerait rien aux sentiments des indigènes, peut-être même provoquerait-on de la part de beaucoup des protestations et des résistances. Ce seraient des Français malgré eux et d'assez mauvais Français, peu disposés à accepter les charges qu'on leur imposerait ainsi, mal préparés à exercer les droits, dont ils pourraient faire le plus dangereux usage. Que deviendrait la population vraiment française, celle que nous devons avoir à cœur de protéger, lorsqu'elle serait perdue, noyée au milieu de cette masse ignorante et barbare? L'idée d'une naturalisation collective et immédiate des indigènes ne saurait être discutée sérieusement; c'est une fantaisie d'utopistes, à laquelle nous ne nous arrêterons pas davantage.

Qu'y a-t-il donc à faire qui soit pratique, efficace, susceptible non pas certes de nous conduire au but d'un seul bond, mais de nous en rapprocher de plus en plus? On peut attendre beaucoup du développement même de l'Algérie, des progrès de la colonisation, de l'accroissement de la population française et européenne. Par le contact, par les rapports plus fréquents et plus intimes, il se fait comme une propagande spontanée à laquelle les indigènes ne sont pas toujours réfractaires. Sans y songer, sans le vouloir, bon gré mal gré ils se trouvent entraînés au courant de la vie européenne. Mais encore une fois cela ne suffit pas. Il faut des moyens d'action plus directs, plus puissants, d'un effet plus immédiat. Notre ennemi le plus redoutable en Algérie c'est l'ignorance des indigènes, leur esprit de fanatisme et de préjugé; attaquons-le cet ennemi avec l'arme qui est faite pour le combattre, avec l'instruction. Comment espérer qu'ils en viennent jamais à penser, à sentir en français, si nous ne leur apprenons d'abord à parler en français? Or, l'immense majorité de nos sujets musulmans ignore notre langue. Les choses en sont là aujourd'hui. Il ne s'agit pas pour le moment de les initier à nos sciences, de les jeter d'un coup dans ces complications de notre enseignement. Ils sont sujets français, il faut avant tout leur apprendre à parler français.

Cette question de l'instruction des indigènes est d'une importance capitale, essentielle, à tel point qu'elle prime toutes les autres. Au début de la conquête, et encore après pendant de longues années, on n'a pas paru en soupçonner la gravité. Il existait en Algérie des écoles, tout un enseignement musulman, très imparfait sans doute, mais qu'on aurait pu réformer, modifier, développer progressivement. Au lieu de cela, on a commencé par le détruire et on n'a rien mis à la place. En cela comme en bien d'autres choses, l'expérience faite en Algérie a profité à la Tunisie, où, par la méthode inverse, en utilisant tout ce qu'on a trouvé, on arrive par des adaptations prudentes, en peu de temps, à peu de frais, à organiser largement l'instruction publique. En Algérie, on a tout d'abord démoli; plus tard, on s'est livré à quelques tentatives confuses de reconstruction, en créant çà et là quelques écoles arabes-françaises et des collèges arabes. L'intention était bonne, mais on agissait sans vues d'ensemble, sans méthode, au hasard de l'inspiration. Voulez-vous savoir comment on s'y prenait pour recruter le personnel enseignant? Voici un exemple bien connu. Un jour, un chef de corps bien intentionné s'avise de créer une école à Biskra. Il n'a pas d'instituteur sous la main, mais cela ne l'embarrasse pas; il commande pour ce service un brave sergent de la légion étrangère, et sans écouter ses timides objections, il le bombarde maître d'école. Il se trouva par hasard que cet instituteur improvisé était un homme de grand cœur; il prit au sérieux sa mission, s'y donna tout entier, travailla pour compléter ses études qui avaient été sommaires, devint non pas un maître comme un autre, mais un maître exceptionnel. Quelques-uns de ses élèves sont au nombre des meilleurs serviteurs de la France; en accomplissant sa modeste tâche, il a fait plus que pas un pour propager dans le Sahara oriental la langue et l'influence de la France. Celui qui l'a choisi avait eu la main heureuse, mais n'est-il pas vrai que le système de recrutement était assez original?

L'école de Biskra et quelques autres ont donné de bons résultats, mais tout à fait partiels. Les collèges arabes languirent jusqu'en 1871 sans avoir produit grand'chose. Quand on les eut supprimés, on envoya au lycée d'Alger quelques douzaines d'élèves indigènes. Ce n'était pas là non plus une idée très heureuse ni très féconde. Ces malheureux jeunes gens, jetés au milieu d'études compliquées auxquelles rien ne les avait préparés, faisaient de déplorables élèves. Leurs parents les avaient soumis, le plus souvent par ordre, à cette captivité d'un nouveau genre; ils étaient là comme des fauves en cage, en proie à un immense ennui, avec un seul désir, celui de s'en aller et de reprendre chez eux l'existence accoutumée. A peine sortis, ils avaient hâte d'oublier le peu qu'ils avaient appris. Les arabophobes, ceux qui prétendent qu'il n'y a rien à faire des races indigènes, triomphaient de ces insuccès. On leur avait donné la partie belle! Ce n'est pas par l'enseignement secondaire, par les lycées et les collèges qu'il faut commencer, mais bien par l'enseignement primaire, par l'enseignement élémentaire, par les petites écoles. Ce n'est pas sur un petit nombre d'individus pris au hasard et qui ne constituent nullement une élite, c'est sur les masses qu'il faut agir. Quand des générations tout entières auront passé par l'école, alors l'expérience sera concluante, alors si on n'a obtenu aucun changement, on pourra dire que les indigènes ne sont pas susceptibles de culture. Jusqu'à présent, l'expérience n'a pas été faite, on se met à peine en devoir de la tenter.

Il y a quelques années, les écoles arabes-françaises étaient en pleine décadence. A la fin de 1882, on en comptait en tout 21 ; un petit nombre d'enfants indigènes fréquentaient des écoles européennes. Sur 400,000 enfants environ en âge de recevoir l'instruction, 3,000 seulement la recevaient. Tandis que dans la population française d'Algérie il y avait 1 élève pour 9 habitants, la population indigène donnait 1 élève pour 1,000 habitants. On s'émut enfin de cette situation. En 1879, plusieurs missions furent envoyées par M. Jules Ferry pour étudier tout spécialement la question de l'enseignement des indigènes. Plusieurs écoles furent alors créées en Kabylie. En 1883, intervint un décret qui organisait cet enseignement. Il posait d'abord le principe de l'enseignement obligatoire, même pour les indigènes, mais en laissant au gouverneur général le soin de l'appliquer selon les circonstances et les ressources. Les écoles européennes étaient ouvertes aux enfants indigènes qui devaient y trouver à côté des maîtres français des adjoints ou des moniteurs musulmans. La liberté de conscience était assurée. En pays arabe, en dehors des centres européens, le décret prévoyait l'établissement de deux catégories d'écoles : l'école de centre, tenue par des maîtres français, pourvus de diplômes, donnant l'enseignement primaire complet ; les petites écoles, qui pourraient être confiées à des adjoints indigènes et même à des moniteurs et où l'enseignement devait être tout à fait sommaire, borné à la lecture, à l'écriture et aux notions les plus simples. Pour encourager les indigènes, on instituait des primes en argent, des allocations en nature, des dons de vêtements, toutes choses auxquelles des populations pauvres sont naturellement sensibles. Ce décret péchait peut-être par quelques détails et il a soulevé plus d'une objection justifiée, mais dans l'ensemble il était bien conçu. Actuellement, il se trouve abrogé par la dernière loi sur l'instruction primaire, qui a été déclarée applicable à l'Algérie, sauf les mesures à prendre en ce qui concerne les indigènes.

Tout cela est fort bien fait. Les idées dont s'inspire l'administration de l'instruction publique sont en général très saines, très judicieuses. Par malheur, il y a loin de la coupe aux lèvres, et d'un décret, voire d'une loi à l'application, il y a plus loin encore. Pour réaliser ces idées, il faut bien des choses. D'abord, un personnel. Les maîtres français ne doivent pas être des maîtres ordinaires; ils ont besoin d'une certaine préparation, d'un entraînement, d'une connaissance au moins sommaire du pays, de la langue; avec cela ils doivent être fortement trempés, capables de supporter sans faiblir une existence quelque peu pénible, les ennuis de l'isolement, les épreuves de l'acclimatement, d'exercer autour d'eux une influence, une autorité morale nécessaire au succès de leur œuvre. A côté d'eux une place très large doit être faite à l'élément indigène, mais pour former même des adjoints ou des moniteurs il faut du temps et des soins. Les écoles normales d'Algérie, les cours normaux qui y ont été institués pourvoient en grande partie à ce recrutement; là n'est pas la difficulté principale; elle serait aisément surmontée si l'on n'était arrêté par la question d'argent. Nous vivons malheureusement dans un temps où l'on ne peut plus jeter à pleines mains les millions, même pour les œuvres les plus utiles. C'est ce qui fait que l'action gouvernementale est ici insuffisante. On vote des lois, on édicte des décrets, mais, quand il faut passer à l'exécution les ressources font défaut. Le pouvoir législatif a accompli sa tâche qui est de légiférer; l'administration ne demanderait pas mieux que d'accomplir la sienne, mais que faire sans argent? C'est ainsi que tant d'excellentes réformes proposées, acceptées, décidées ne s'exécutent jamais. Peu à peu de nouvelles préoccupations surgissent, les uns songent à autre chose, les autres s'assoupissent doucement et tout marche ou plutôt ne marche pas comme par le passé. On n'a rien fait ou fait aussi peu que rien, mais la responsabilité de tout le monde est sauve. C'est peut-être ce qui serait arrivé pour l'enseignement des indigènes s'il n'y avait eu en jeu que l'action officielle.

Pour que celle-ci soit effective, pour qu'elle s'exerce d'une manière suivie et persévérante, il faut qu'elle soit en même temps sollicitée et soutenue, sollicitée par la voix de l'opinion, soutenue par l'initiative privée et la bonne volonté générale. Pour que l'instruction des indigènes s'organise promptement et largement, il faut qu'il y ait autour de cette question une agitation permanente.

Cette agitation, il aurait paru chimérique de vouloir la créer en Algérie il y a quelques années. L'opinion était loin de s'y prêter : l'opinion des Français comme celle des indigènes. Il y avait certainement de bons esprits qui se rendaient compte de l'importance de cette question, mais combien ils étaient rares ! La presse et les corps constitués s'en désintéressaient ; si on les mettait sur ce chapitre ils étaient mal à l'aise, ils suivaient comme à regret lorsqu'elles se produisaient les impulsions venues du dehors. Ainsi, quand M. Jules Ferry demanda au Conseil général d'Alger de participer aux dépenses des écoles de Kabylie, les fonds ne furent pas refusés, on les vota, mais sans enthousiasme. Le sentiment général se faisait jour dans les conversations, dans les incidents quotidiens de la politique locale : « Si les indigènes veulent s'instruire, disait-on volontiers, qu'ils viennent dans nos écoles, elles leur sont ouvertes. » Ceux qui parlaient ainsi ne prenaient pas garde que ces écoles sont situées dans les villes ou dans les centres européens, et que pour l'immense majorité des enfants indigènes la distance en rend impossible la fréquentation. Mais les meilleures raisons venaient se heurter à un parti pris qui semblait invincible. Il y a de cela sept ou huit ans, un de mes amis des plus intimes était candidat à un conseil général d'Algérie. Invité à développer son programme dans une réunion publique, il se faisait écouter avec faveur d'un auditoire qui ne lui ménageait pas les marques de sympathie. Il en vint à parler de l'instruction des indigènes qui dès lors le préoccupait vivement. Aux premiers mots les visages se rembrunissent, les applaudissements s'arrêtent, les partisans du candidat se regardent avec un air consterné. Le discours s'achève au milieu d'un silence glacial. Les indécis sont devenus hostiles ; les mieux disposés laissent paraître un agacement visible. Dès ce moment on pouvait prédire un échec. Fut-ce pour cette cause ou pour d'autres, mon ami ne fut pas élu ; il s'en consola, mais il nota comme un symptôme caractéristique et tout à fait fâcheux l'impression qu'avaient produite ses déclarations et que d'autres avaient constatée comme lui. Un autre incident, que la presse algérienne et la presse française ont relevé dans son temps, est plus significatif encore, parce qu'il montre que l'opinion indigène, pour des raisons différentes, n'était pas moins réfractaire que l'opinion coloniale à ces idées de diffusion de l'instruction parmi nos sujets musulmans. Le Conseil municipal d'Alger avait confié à une commission dont j'avais l'honneur de faire partie le soin de préparer le budget. Au projet de budget on ajoutait différents vœux d'intérêt général et entre autres un vœu tendant à faire étendre à l'Algérie le principe de l'instruction obligatoire; mais on n'en demandait l'application qu'aux enfants de nationalité française. Je proposai qu'il fût aussi fait mention des indigènes, au moins des enfants du sexe masculin. On m'objecta et l'on pourrait encore m'objecter qu'il était bien ambitieux de réclamer tout d'abord l'obligation. A cela je répondais qu'il ne s'agissait que de poser un principe, quitte à introduire dans l'exécution tous les tempéraments désirables; que d'ailleurs si l'obligation était nécessaire c'était précisément pour la partie de la population algérienne la plus illettrée et la moins disposée à envoyer spontanément ses enfants à l'école. Étant donné le tour d'esprit des indigènes, toute mesure qui n'a pas un caractère impératif, qui leur laisse la faculté de s'abstenir, risque fort d'échouer piteusement. Un fait récent qui s'est produit en Kabylie vient de me donner raison. Un sous-préfet en tournée s'étant avisé de déclarer publiquement que l'enseignement n'était pas obligatoire, le propos fut répété dans les villages et les marchés; quelques jours après, les écoles étaient désertées. Qu'on vienne après cela contester l'utilité de l'obligation. En 1892, on fit plus que de la contester. Je fus seul de mon avis dans la commission; ma proposition ne recueillit qu'une voix, celle de son auteur. Je la repris cependant pour la reproduire devant le Conseil, où elle souleva de nouveau les objections les plus vives. Au cours de la discussion quelqu'un proposa de consulter les principaux intéressés, à savoir les indigènes eux-mêmes. Les conseils municipaux algériens, à côté des membres français comptent des membres indigènes nommés par certaines catégories d'électeurs. Il faut dire qu'en général ces conseillers musulmans ne sont pas parmi les plus actifs et les plus assidus : leur présence est certes parfaitement légitime, mais il y a quelques années ils n'usaient pas beaucoup du droit qui leur est accordé de participer à l'administration municipale. Ceux d'Alger, spécialement convoqués, se décidèrent à venir à une séance ultérieure. Je m'imaginais bonnement que défendant leur cause je les aurais pour alliés ; ils furent les plus déterminés de mes adversaires. Ils invoquaient des arguments bien connus en France, la liberté des pères de famille, par exemple : « Nous voulons élever nos enfants dans notre foi, leur apprendre la langue de nos pères ; Arabes nous sommes, Arabes ils seront, nous n'entendons pas qu'on en fasse des Français. » En fin de compte la majorité, composée de tous les indigènes présents et d'une partie des conseillers français, vota contre ma proposition. Mon amendement resta sur le carreau.

Tel était, Messieurs, il n'y a pas si longtemps, l'état de l'opinion en Algérie. Depuis lors, les choses ont bien changé. C'est que dans l'intervalle l'Alliance française s'est fondée et qu'elle a exercé tout particulièrement en Algérie une propagande énergique.

Que peut faire l'Alliance française ? En apparence, peu de chose. Ce n'est pas elle qui pourra avec ses ressources bornées combler l'insuffisance des allocations budgétaires. Elle ne peut entreprendre de créer partout des écoles dans un vaste pays. Mais ce qui lui est possible, c'est de soutenir celles qui existent ou que l'administration établit, de leur donner tout ce qui manque souvent à leur outillage scolaire, les fournitures classiques, les livres dont elle dispose en abondance grâce à la munificence de certains éditeurs parisiens. Il est dans son rôle et dans ses moyens d'envoyer des encouragements aux maîtres et aux élèves. Des encouragements, Messieurs, il semble que ce ne soit rien et pourtant c'est beaucoup. Essayez de vous figurer l'existence d'un maître français qui vit en plein pays arabe, au milieu d'une population dont il ne partage ni les mœurs, ni l'esprit, loin de tout centre européen, loin de toute civilisation, manquant de tout confort matériel, de tout commerce intellectuel, de tout ce qui est comme le pain quotidien de l'esprit. Eh bien, si ce soldat d'avant-garde, cette sentinelle perdue, s'aperçoit qu'on le suit des yeux, s'il sait que dans la mère-patrie on ne l'oublie pas tout à fait, qu'on s'intéresse à son obscur labeur, qu'on applaudit à ses efforts, n'est-il pas vrai qu'il ne se sentira plus seul, qu'il sera fortifié, raffermi, qu'il aura conscience de la grandeur de sa tâche et qu'il s'y dévouera avec une ardeur toute nouvelle? Voilà pour les maîtres français. Quant aux maîtres indigènes et aux élèves, tous petits et grands, ce sont des enfants dont l'amour-propre naïf est délicieusement chatouillé par la moindre distinction. Qu'on leur envoie de Paris une médaille, une mention, qu'on cite leur nom avec éloge dans un écrit imprimé, c'est pour eux une satisfaction énorme dont ils sont fiers et qu'ils feront tout pour obtenir.

Mais le résultat principal auquel est parvenue l'Alliance française, celui qui est inappréciable, c'est d'avoir transformé, retourné complètement l'opinion algérienne. Au 1er février 1887, sur un nombre total de 11,930 adhérents, elle en comptait en Algérie 1,387, presque autant qu'à Paris. Ces adhérents ne se recrutent pas seulement parmi la population française, mais aussi parmi les indigènes, et tous sont animés de la plus louable ardeur. On n'avait d'abord songé à constituer en Algérie que des comités de propagande, chargés de provoquer des adhésions et de recueillir des souscriptions. Dans ce pays que nous avons vu si indifférent ou si défavorable, les comités ont réclamé des attributions plus étendues; ils ont voulu être en même temps comités d'action. Et certes ils n'avaient pas tort, car s'il est quelque part un terrain où l'action de l'Alliance française soit utile et nécessaire, c'est à coup sûr l'Algérie.

Dès lors s'est formée en Algérie cette opinion qu'il faut absolument instruire les indigènes. Personne ne soutient plus, au moins à haute voix, la thèse contraire. La presse locale, qui n'est pas souvent unanime, l'est sur cette question; tous ses organes réclament des mesures énergiques; conseils municipaux, conseils généraux, conseil supérieur rivalisent de bonne volonté. Dans le Parlement même, les députés algériens réclament avec insistance pour obtenir que des ressources plus considérables soient consacrées à cette grande œuvre. Et même en ce temps de pénurie budgétaire, ils ont réussi à obtenir quelque chose. L'allocation inscrite au budget pour l'instruction des indigènes, qui n'était en 1885 et 1886 que de 45,000 francs, a été élevée pour 1887 à 194,000 francs. C'est encore bien peu de chose, mais on aura davantage plus tard. Les pouvoirs publics sont incessamment sollicités; en même temps qu'on seconde leurs efforts, on objurgue leur lenteur, souvent excessive, et leur parcimonie, quelquefois obligée. Désormais le branle est donné; on ne laissera plus sommeiller cette question.

Voilà, Messieurs, ce qu'en peu d'années, avec des moyens modestes, par une action surtout morale, l'Alliance française a pu faire en Algérie.

Si maintenant, comme il y a lieu de le penser, le mouvement se continue et se propage, il est permis d'espérer qu'avant longtemps, dans un délai relativement court, toute la population enfantine indigène ira dans nos écoles apprendre notre langue, respirera notre air, vivra de notre vie et arrivera à l'âge viril avec des notions françaises, des idées françaises et des sentiments français. Quand on en sera là, et je crois fermement qu'on y arrivera, alors, mais alors seulement, nous pourrons dire que nous avons réellement conquis l'Algérie. La conquête ne consiste pas seulement à s'emparer d'un pays par les armes, elle consiste surtout à gagner le cœur et l'esprit des habitants. Cela, toute notre histoire l'atteste, nous sommes capables de le faire. Nous avons eu comme d'autres nos triomphes militaires; un retour de fortune en fera sans doute connaître encore l'ivresse à nous ou à nos enfants. Mais là où réside la véritable supériorité de notre nation, là où nous tenons le premier rang parmi les peuples civilisés, c'est dans ce travail de conquête pacifique. Nous sommes par excellence le peuple humain, le peuple fraternel qui ne se complaît pas à écraser les faibles, mais qui aime à les élever à lui, à les faire entrer dans la communion d'une civilisation supérieure. Cette tâche délicate et grandiose, nous l'avons accomplie ailleurs ; par le concours de l'État, de l'initiative privée, de l'Alliance française, nous l'accomplirons aussi en Algérie.

(Extrait du Bulletin de la Société de géographie commerciale de Bordeaux.